한국을 바꾼 여성 위인들

CQ놀이북

한국을 바꾼 여성 위인들

초판 1쇄 인쇄 2017년 9월 1일
초판 1쇄 발행 2017년 9월 5일

글 오홍선이
그림 임덕란
펴낸이 구모니카
디자인 양선애
마케팅 신진섭
펴낸곳 M&K
등록 제7-292호 2005년 1월 13일
주소 경기도 고양시 일산서구 고양대로 255번길 45, 903동 1503호 (대화동,대화마을)
전화 02-323-4610
팩스 0303-3130-4610
E-mail sjs4948@hanmail.net

ISBN 979-11-87153-12-2 73900

※ 값은 뒤표지에 있습니다. 잘못된 책은 바꾸어 드립니다.

이 도서의 국립중앙도서관 출판예정도서목록(CIP)은 서지정보유통지원시스템 홈페이지(http://seoji.nl.go.kr)와
국가자료공동목록시스템(http://www.nl.go.kr/kolisnet)에서 이용하실 수 있습니다. (CIP제어번호 : CIP2017020813)

CQ놀이북

한국을 바꾼 여성 위인들

오홍선이 글 · 임덕란 그림

M&Kids

작가의 말

'한국을 빛낸 100명의 위인들'이라는 노래를 알고 있나요? 누구나 한 번은 불러 본 적이 있을 거예요. 우리나라를 세운 단군부터 천재 화가 이중섭에 이르기까지 100명의 위인이 노래에 등장하지요.

그런데 이 노래에 나오는 위인들 중에서 여성 위인이 몇 명인지 세어 본 적 있나요? 100명 중에 고작 4명뿐이에요! 그렇다면 한국을 빛낸 여성 위인들이 별로 없었기 때문일까요?

고대 사회에서는 여성의 힘이 컸어요. 하지만 점차 남성의 힘이 강해지면서 여성은 주로 집안일을 담당하게 되었어요. 게다가 남성 중심으로 역사책이 기록되면서 여성의 이야기는 빠지게 되었지요. 하지만 역사를 살펴보면 남성 못지않게 위대한 업적을 이룬 여성들이 많이 있어요.

고구려를 세운 주몽은 알지만 주몽을 고구려의 왕으로 만들고 아들을 도와 백제를 세운 여성이 소서노라는 건 모르는 사람들이 많아요. 그리고 신라가 삼국 통일을 이룰 수 있도록 기반을 닦은 사람은

　선덕 여왕이었어요. 〈홍길동전〉을 쓴 허균은 유명하지만, 허균이 '선녀의 재주를 타고났다'고 말한 누이 허난설헌은 덜 알려져 있어요.

　오늘날은 남성과 여성이 성별이 아니라 실력으로 공정하게 겨루고, 여성이 더 앞서가는 분야도 많아요. 동양의 프리마돈나 강수진과 세계적인 성악가 조수미, 피겨 여왕 김연아는 세계 최고의 자리에 올라 한국을 세계에 알린 놀라운 여성들이지요.

　〈한국을 바꾼 여성 위인들〉은 왕, 상인, 사업가, 독립운동가, 작가, 비행사, 화가, 발레리나, 의사 등 다양한 분야의 여성 인물들을 한 권으로 만날 수 있어요. 게다가 세계를 바꾼 여성 위인들도 다양한 사진과 함께 만나 볼 수 있지요. 이 책을 읽고 알려지지 않은 다른 여성 위인들 이야기도 찾아보세요.

2017년
오홍선이

차례

작가의 말 • 4

1장 새로운 세상을 연 여성들

고구려와 백제를 세우다 **소서노** • 14
바보 온달을 장군으로 만들다 **평강 공주** • 18
우리나라 최초의 여왕 **선덕 여왕** • 22
고려를 강한 나라로 만들다 **천추 태후** • 26
최고의 자리에 오른 의녀 **대장금** • 30
백성을 살린 사업가 **김만덕** • 34

2장 뛰어난 재능을 펼친 여성들

현명한 어머니이자 천재 화가 **신사임당** • 40
자유를 꿈꾼 예술가 **황진이** • 44
시대를 앞서간 천재 시인 **허난설헌** • 48
최초의 여자 소리꾼 **진채선** • 52
조선 최고의 재주꾼 **바우덕이** • 56

3장 새로운 시대를 연 여성들

우리나라 최초의 여자 의사 **박에스더** · 62
자유롭고 당당한 서양화가 **나혜석** · 66
'사의 찬미'를 부른 성악가 **윤심덕** · 70
농촌을 바꾼 계몽 운동가 **최용신** · 74
최초의 민간 신문 여기자 **최은희** · 78
세계를 놀라게 한 무용수 **최승희** · 82

4장 나라를 위해 희생한 여성들

조선의 독립을 외친 소녀 **유관순** · 88
독립군을 도운 여자 안중근 **남자현** · 92
독립의 별이 된 독립운동가 **김마리아** · 96
우리나라 최초의 여자 비행사 **권기옥** · 100

5장 노력을 꽃피운 현대 여성들

대하소설 〈토지〉를 쓴 작가 **박경리** · 106

세계 정상에 선 성악가 **조수미** · 110

노력으로 꿈을 이룬 발레리나 **강수진** · 114

세계인이 사랑한 피겨 여왕 **김연아** · 118

세계를 바꾼 여성 위인들도 있어요!

부록 세계를 바꾼 여성 위인들

정치
중국 역사상 유일한 여황제 **측천무후** · 124
대영 제국을 이끌다 **엘리자베스 1세** · 126
유대인의 나라를 세우다 **골다 메이어** · 128
영국의 첫 여성 수상 **마거릿 대처** · 130
미얀마 민주화 운동의 상징 **아웅 산 수지** · 132

사회
가난한 이들을 돕다 **테레사 수녀** · 134
봉사를 실천한 20세기 아이콘 **오드리 헵번** · 136
아프리카에 푸른 숲을 일구다 **왕가리 마타이** · 138
역경을 이겨 낸 세계적인 진행자 **오프라 윈프리** · 140

학문
- 어린이의 눈높이에 맞는 교육법을 개발하다 **마리아 몬테소리** · 142
- 여성 최초로 대서양을 건너다 **아멜리아 에어하트** · 144
- 원시 부족을 연구하다 **마거릿 미드** · 146
- 자연을 사랑하고 지키다 **레이첼 카슨** · 148
- 침팬지와 자연을 사랑하다 **제인 구달** · 150

예술문화
- 자유로움을 표현한 맨발의 무용수 **이사도라 덩컨** · 152
- 세계에 발레의 아름다움을 알리다 **안나 파블로바** · 154
- 새로운 유행을 만들다 **코코 샤넬** · 156
- 희망과 자유를 그림으로 그리다 **프리다 칼로** · 158
- 역사의 현장을 사진에 담다 **마거릿 버크화이트** · 160
- 마법사 해리 포터를 만들다 **조앤 롤링** · 162

고구려와 백제를 세우다 **소서노**

바보 온달을 장군으로 만들다 **평강 공주**

우리나라 최초의 여왕 **선덕 여왕**

고려를 강한 나라로 만들다 **천추 태후**

최고의 자리에 오른 의녀 **대장금**

백성을 살린 사업가 **김만덕**

1장

새로운 세상을 연 여성들

고구려와 백제를 세우다
소서노

시대 고구려, 백제
연도 ?~?
업적 고구려와 백제를 건국

왕자 주몽은 부여에서 쫓겨나 졸본 지역에 도착했어.
그곳에서 한 부족의 공주인 소서노를 만나 사랑에 빠졌지.
소서노는 주몽이 힘을 키울 수 있도록 곁에서 많은 도움을 주었어.
그리고 주몽과 소서노는 부부가 되어 '고구려'를 세웠어.
그런데 그때 부여에서 태어난 주몽의 아들 유리가 나타난 거야!
주몽이 유리를 태자로 삼자 소서노는 심한 배신감을 느꼈어.
'내 아들인 비류와 온조가 아니라 유리를 태자로 삼다니!'

비류는 온조에게 고구려를 떠나자고 말했어.
소서노도 비류, 온조와 함께 길을 떠났어.
아들들과 새로운 나라를 만들 생각이었지.
비류는 백성들을 데리고 바닷가 근처로 떠났고,
소서노는 온조와 함께 한강 근처의 기름진 땅에 백제를 세웠어.
그러자 바닷가로 간 비류의 백성들도 백제로 모여들었지.
지혜로웠던 소서노는 나라를 두 번이나 세운 위대한 여성이야.

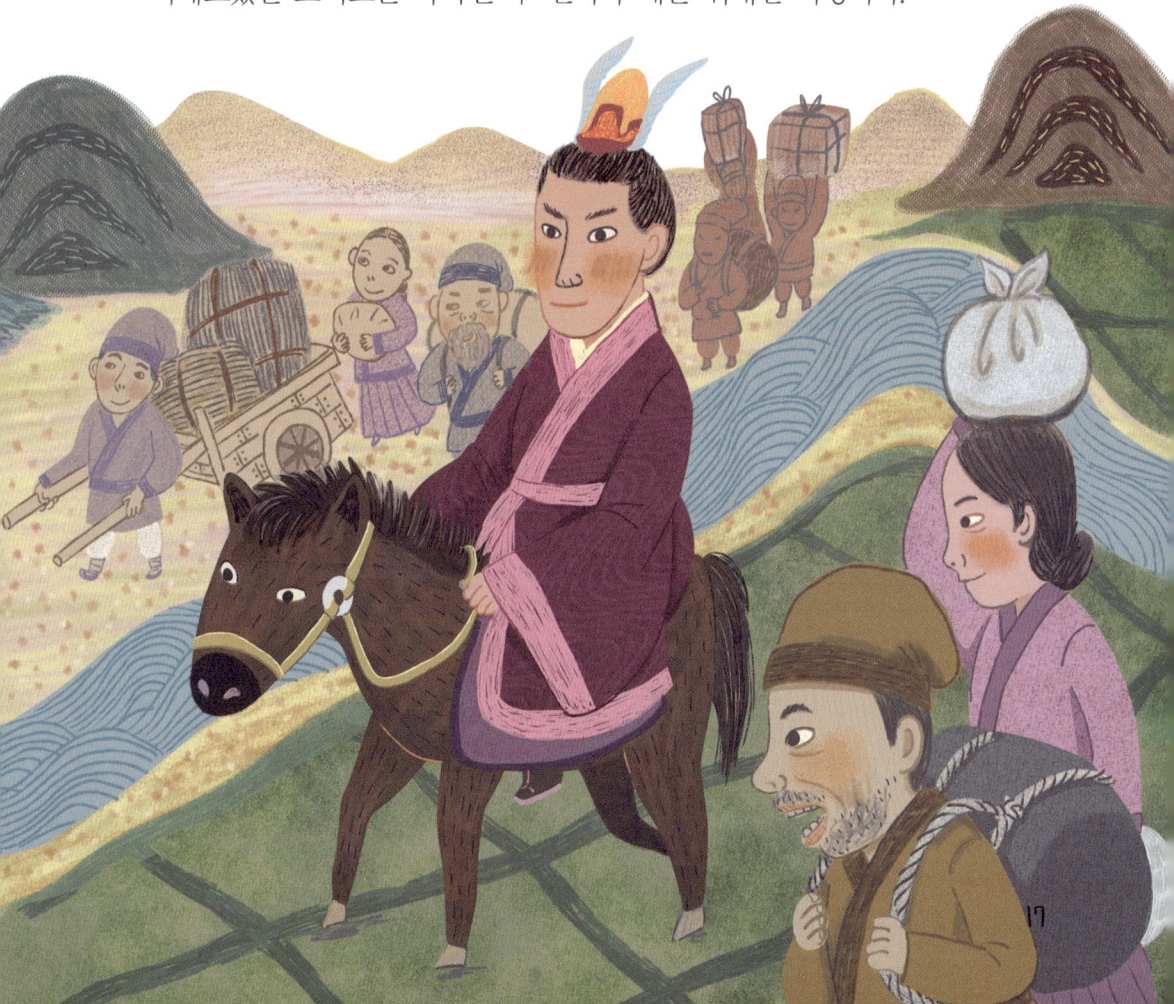

바보 온달을 장군으로 만들다
평강 공주

시대 고구려
연도 ?~?
업적 바보 온달을 훌륭한 장군으로 만듦

고구려 25대 평원왕의 딸 평강 공주는 걸핏하면 울음을 터뜨렸어.
"자꾸 울면 바보 온달에게 시집보내겠다!"
이 말을 듣고 자란 평강 공주가 어느덧 시집갈 나이가 되었어.
평강 공주는 정말로 온달에게 시집을 가겠다고 고집을 부렸지.
평원왕은 화가 나서 평강 공주를 궁궐 밖으로 내쫓아 버렸어.
그런데 평강 공주가 정말 바보 온달을 찾아가 혼인을 한 거야!

평강 공주는 눈먼 시어머니를 모시고 남편 뒷바라지를 열심히 했어.
온달은 글공부를 하고 무예를 익혀서 고구려의 장수가 되었지.
온달 장군은 전쟁에서 큰 공을 세웠지만 목숨을 잃고 말았어.
그런데 온달 장군의 시신을 넣은 관이 꼼짝도 안 하는 거야.
마치 땅에 딱 달라붙은 것처럼 말이야.
소식을 듣고 평강 공주가 달려와 눈물을 흘리자 그제야 관이 움직였대.
평강 공주는 바보라고 불렸던 온달을 훌륭한 장수로 만들고
효심으로 시어머니를 모신 현명한 여성이야.

우리나라 최초의 여왕
선덕 여왕

시대 신라
연도 ?~647년
업적 신라를 잘 다스림

신라 시대에는 혈통에 따라 신분을 나눈 골품 제도가 있었어.
태어나면서부터 신분이 정해진다는 뜻이지.
왕이 될 수 있는 건 가장 높은 신분인 성골뿐이었어.
그런데 진평왕에게는 왕위를 물려줄 아들이 없었어.
그래서 딸 덕만이 왕의 자리에 올라 최초의 여왕이 탄생했지.
선덕 여왕은 여왕이 되자 먼저 가난한 백성을 살폈어.
하지만 신라의 귀족들은 선덕 여왕에게 불만이 많았지.

"여자가 왕이라고? 여자가 뭘 하겠어?"
중국에서도 여자라는 이유로 신라의 여왕을 얕잡아 보았어.
선덕 여왕은 백성의 마음을 하나로 모으려고 황룡사에 구층탑을 세웠어.
높이가 무려 팔십 미터나 되는 목탑이었지.
그리고 김유신과 김춘추와 같은 훌륭한 신하도 뽑아 곁에 두었지.
선덕 여왕의 훌륭한 정치 덕분에 신라는 더욱 발전했고,
나중에 신라가 삼국 통일을 이룰 수도 있었던 거야.

백성들이 모두 잘 살 수 있기를….

고려를 강한 나라로 만들다
천추 태후

시대 고려
연도 964~1029년
업적 강한 권력으로 고려를 다스림

천추 태후는 고려를 세운 태조 왕건의 손녀야.
경종의 왕비가 되어 고려 7대 왕인 목종을 낳았지.
목종이 태어난 다음 해 경종이 세상을 떠나자
목종의 외삼촌인 성종이 왕위에 올랐어.
성종이 죽고 목종이 왕이 되자 천추 태후는 정치에 적극 나섰어.

"고려는 중국에 뒤지지 않는 나라임을 명심하라!"
천추 태후는 권력을 쥐고 고려의 힘을 키우려고 했어.
북방 지역에 성을 쌓아 적의 침입에 대비하기도 했지.

천추 태후는 고려를 강한 나라로 만들기 위해서 열심히 노력했어.
전통을 지키기 위해 사원이나 절도 많이 세웠지.
하지만 후계자를 정하는 사건에 휘말려 결국 자리에서 물러났단다.

최고의 자리에 오른 의녀
대장금

시대 조선
연도 ?~?
업적 왕의 건강을 돌봄

조선 시대에는 왕을 비롯한 궁중의 건강을 맡아보던 내의원과
가난한 백성을 치료하고 의술을 가르치는 혜민서가 있었어.
혜민서에서 간단한 치료를 돕는 여자를 의녀라고 불렀지.
의녀는 천민 신분이어서 높은 자리에 오를 수 없었어.
남자는 귀하고 여자는 천하게 여기는 조선 시대에는 말이야.
그런데 대장금이 바로 의녀였지.

대장금은 실력이 뛰어나서 왕의 눈에 띄었어.

"이제부터 대장금이 내 건강을 돌보도록 하라."

조선의 11대 왕 중종은 대장금에게 주치의 역할을 맡겼어.

수많은 남자 의관들을 제치고 천민이었던 의녀가 주치의가 된 거야.

대장금은 왕의 총애를 받으며 중종이 죽을 때까지 건강을 돌보았어.

중종은 병이 낫자 대장금에게 쌀과 콩을 내렸다고 해.

대장금은 뛰어난 실력과 노력으로 최고의 자리에 오른 거야.

김만덕

백성을 살린 사업가

시대 조선
연도 1739~1812년
업적 전 재산을 내놓아 백성을 도움

김만덕은 바다 건너 제주도에서 평민으로 태어났어.
그런데 부모님이 일찍 세상을 떠나자 기생집에서 살게 되었지.
그곳에서 춤과 노래를 배워 김만덕은 기생으로 살아갔어.
하지만 다시 평민 신분으로 돌아와 물건을 사고파는 객주를 열었어.
제주도 특산품과 육지의 물건을 사고팔면서 큰돈을 벌었지.
세월이 흐르자 김만덕은 제주도에서 손꼽히는 큰 상인이 되었단다.

어느 가을날, 제주도에 큰 태풍이 불어닥쳤어.
추수를 하지 못해서 굶어 죽는 사람들이 한둘이 아니었지.
김만덕은 전 재산을 털어 육지에서 쌀을 사 와 나누어 주었어.
김만덕이 나누어 준 쌀 덕분에 천 명이 넘는 사람이 살 수 있었어.

이 소식을 듣고 왕이 '의녀반수'라는 큰 벼슬을 내리기도 했어.
"재물을 잘 쓰지 못하면 썩은 흙과 다를 바 없습니다."
김만덕은 여자의 몸으로 사업가로 성공했을 뿐만 아니라,
재산을 나눌 줄 아는 따뜻한 마음씨를 지녔어.

현명한 어머니이자 천재 화가 **신사임당**

자유를 꿈꾼 예술가 **황진이**

시대를 앞서간 천재 시인 **허난설헌**

최초의 여자 소리꾼 **진채선**

조선 최고의 재주꾼 **바우덕이**

2장

뛰어난 재능을 펼친 여성들

현명한 어머니이자 천재 화가
신사임당

시대 조선
연도 1504~1551년
업적 뛰어난 예술 작품을 남김
　　　자녀를 훌륭하게 키움

신사임당은 배우지도 않았는데 어릴 때부터 그림을 잘 그렸어.
특히 풀벌레와 포도 등을 잘 그리고 시도 잘 짓고 글씨도 잘 썼어.
신사임당이 그린 그림에 나비가 날아와 앉기도 했대!
열아홉 살에 시집을 간 신사임당은 네 아들과 세 딸을 낳았어.
신사임당은 어진 사람이 되라고 가르치며 스스로 모범을 보였어.
자녀들은 모두 훌륭하게 자라났지.

셋째 아들인 율곡 이이는 아홉 번 과거 시험을 쳐서
모두 장원 급제하고 나중에 높은 관직에 오르지.
신사임당은 마흔 살이 넘어서는 건강이 좋지 않았어.
그러다 이이가 열여섯 살 때 조용히 눈을 감았어.
이이는 묘 옆에 초막집을 짓고 삼년상을 지낼 정도로 슬퍼했어.

신사임당은 훌륭한 아들을 키워 낸 어머니로 알려져 있지만 뛰어난 예술 작품을 남긴 천재적인 화가이기도 해.

자유를 꿈꾼 예술가
황진이

시대 조선
연도 ?~?
업적 춤과 노래, 글이 뛰어남

황진이는 양반 가문에서 태어났다고 해.
이웃에 사는 총각이 황진이를 짝사랑하다가 병이 나 죽자,
스스로 기생이 되었다고 전하고 있어.
황진이는 누구나 감탄할 정도로 아름다웠고 글솜씨가 뛰어났어.
학자들과 어울려서 글을 지어도 전혀 뒤지지 않았지.
그래서 마음속으로 황진이를 좋아하는 학자들이 많았어.
하지만 황진이는 아무에게나 마음을 주지 않았지.

"청산리 벽계수야 쉬이 감을 자랑 마라."
이 글은 조선 최고의 선비 벽계수를 무너뜨린 것으로 유명해.
황진이는 자유롭게 사랑하고, 아름다운 글을 남겼어.
여성의 활동을 억누르던 조선 시대에 남성 못지않은 기개를 보여 주었지.
황진이가 살았던 송도의 가장 유명한 세 가지를 송도삼절이라고 해.
바로 박연 폭포, 학자 서경덕, 황진이를 말하는 거야!
황진이는 편견에 맞서 자유를 꿈꾸었던 예술가야.

시대를 앞서간 천재 시인
허난설헌

시대 조선
연도 1563~1589년
업적 뛰어난 시를 지음

내 딸 최고!

허난설헌은 지체 높은 집안에서 태어났어.
〈홍길동전〉이라는 한글 소설을 쓴 허균이 남동생으로,
남매가 모두 글솜씨가 뛰어난 작가로 알려져 있지.
허난설헌은 여덟 살 때 지은 시로 '천재'라는 말을 들었어.
열다섯 살에 시집을 갔는데 결혼 생활은 행복하지 않았어.
시댁에서는 여자가 글을 짓는 걸 좋아하지 않았거든.

남편도 천재적인 재능을 지닌 허난설헌을 부담스러워했어.
자유롭게 살았던 허난설헌은 결혼 생활이 답답하고 불행했어.
그러던 중 아버지와 오빠가 죽고 두 아이까지 병으로 잃었어.
허난설헌은 시를 지으며 슬픔을 달랬지만 점점 몸이 약해져 갔어.
"내 시를 모두 태워 다오."
허난설헌은 동생 허균에게 마지막 말을 남겼어.
하지만 허균은 허난설헌이 남긴 글을 모아 책으로 펴냈어.
〈난설헌집〉은 중국, 일본까지 전해져서 큰 찬사를 받았어.

최초의 여자 소리꾼
진채선

시대 조선
연도 1842~?
업적 여성 최초로 소리꾼이 됨

진채선은 전라도 고창에서 무녀의 딸로 태어났어.
그때 고창은 판소리의 고장으로 불리고 있었지.
신재효가 판소리를 정리하고 소리꾼을 잘 대우해 주어서,
전국의 내로라하는 소리꾼들이 고창으로 모여들었거든.
열일곱 살 때 신재효를 만난 진채선은 소리하는 법을 배우기 시작했어.
"여자가 소리를 한다니! 이게 있을 법한 소리요?"
타고난 재능이 있었지만 소리는 남자들만 한다는 편견과 싸워야 했어.

진채선은 경복궁 복원 잔치에서 남장을 하고 소리를 했어.
뛰어난 실력을 선보여 흥선 대원군의 눈에 띄었지.
흥선 대원군은 고종의 아버지로 그때 가장 힘이 센 정치가였어.
진채선은 흥선 대원군의 총애를 받으며 궁에 머물게 되었어.
고창에 있던 스승 신재효는 진채선에 대한 그리움을 담아
'도리화가'라는 곡을 만들기도 했어.
궁에 있던 진채선은 신재효가 병이 났다는 소식을 들었어.
그래서 겨우 허락을 받고 궁에서 나와 스승을 돌보았어.
하지만 신재효가 세상을 떠나자 어디론가 사라져 소식이 끊겼대.

조선 최고의 재주꾼
바우덕이

시대 조선
연도 1848~1870년
업적 여성 최초로 꼭두쇠가 됨

조선 시대 때 떠돌아다니며 노래와 춤, 재주를 부린 무리가 있었어.
남사당패라고 불렸는데, 주로 북적이는 장터에서 판이 벌어졌지.
모두 남자들로 이루어져 있었고 우두머리는 '꼭두쇠'라고 불렀어.
바우덕이는 아버지가 죽자 남사당패 손에 자라게 되었어.
그러면서 자연스럽게 악기를 연주하고 재주 부리는 법을 배웠지.
바우덕이는 실력이 뛰어나 최초의 여자 꼭두쇠가 되었어.

남사당패는 바우덕이패로 불릴 정도로 사람들에게 인기가 있었어.
경복궁을 고쳐 지으면서 전국의 남사당패를 불러 공연을 열었는데,
바우덕이의 남사당패는 큰 인기를 얻고 상으로 옥을 받았어.
"안성 청룡 바우덕이, 소고만 들어도 돈 나온다.
안성 청룡 바우덕이, 줄 위에 오르니 돈 쏟아진다."
사람들이 불렀던 이 민요는 바우덕이의 인기와 실력을 잘 보여 줘.
바우덕이는 전국을 다니며 사람들에게 멋진 공연을 선보였어.
하지만 유랑 생활을 하면서 건강을 잃어 스물세 살에 세상을 떠났단다.

우리나라 최초의 여자 의사 **박에스더**

자유롭고 당당한 서양화가 **나혜석**

'사의 찬미'를 부른 성악가 **윤심덕**

농촌을 바꾼 계몽 운동가 **최용신**

최초의 민간 신문 여기자 **최은희**

세계를 놀라게 한 무용수 **최승희**

3장

새로운 시대를 연 여성들

우리나라 최초의 여자 의사
박에스더

- 시대 조선
- 연도 1876~1910년
- 업적 최초로 서양 의사가 됨
  수많은 환자를 치료함

박에스더의 아버지는 선교사 아펜젤러의 집에서 일을 했어.
그래서 박에스더도 자연스럽게 서양 문물을 접할 수 있었지.
박에스터는 이화 학당에서 영어를 배우고 서양 의료 기술을 익혔어.
그러면서 의사가 되기로 결심한 거야.
의학 공부를 위해 박에스더는 가족들과 미국으로 건너갔어.
남편은 박에스더가 공부에 전념할 수 있도록 열심히 뒷바라지했지.
드디어 박에스더는 미국에서 의사 자격을 얻고 고국으로 돌아왔어.

박에스더는 병원에서 일하면서 쉬는 날도 없이 환자를 돌보았어.
일 년에 오천 명이 넘는 환자를 치료했다고 해.
전염병이 돌면 당나귀를 타고 다른 지역까지 가서 무료로 진료했어.

위생 교육도 하려니 몸이 열 개라도 모자랄 지경이었지.
제대로 먹지 않고 환자를 치료하다 박에스더는 병에 걸리고 말았어.
박에스더는 젊은 나이에 세상을 떠났지만 한국 최초의 여자 의사로,
의학 발전을 돕고 여성 계몽 운동에 앞장선 훌륭한 여성이야.

자유롭고 당당한 서양화가
나혜석

시대 조선~일제 강점기
연도 1896~1948년
업적 조선 여성 최초로 서양화가가 됨

나혜석은 부유한 집안에서 둘째 딸로 태어났어.
영리하고 재능이 넘쳤으며 학교 성적도 우수했지.
나혜석은 학교를 졸업하고 일본으로 유학을 떠났어.
서양화를 배우는 최초의 조선 여학생이 된 거야.
결혼식도 전통 혼례가 아니라 예배당에서 서양식으로 치렀고,
여성 최초로 서양화 전시회를 열었지.
많은 사람들이 전시회를 보러 왔고 그림은 비싼 값에 팔렸어.

나혜석은 남편과 세계 여행을 떠나기도 했는데
파리에서 공부한 뒤로 더욱 열심히 그림을 그렸어.
하지만 남편과 헤어진 뒤 그림이 모두 불타 버리고 말았어.
게다가 아이들도 만날 수 없어 슬픈 나날을 보냈지.
사람들은 이혼한 여자라고 나혜석을 비난하고 외면했어.
늘 당당한 모습의 나혜석은 점점 무너져 갔지.
자유로운 삶을 꿈꾼 나혜석은 병원에서 쓸쓸하게 세상을 떠났어.

'사의 찬미'를 부른 성악가
윤심덕

시대	조선~일제 강점기
연도	1897~1926년
업적	'사의 찬미'를 불러 인기를 얻음

윤심덕은 평범한 가정에서 태어나 신식 교육을 받았어.
형제들이 모두 음악에 재능을 보였지.
보통학교를 졸업한 뒤 윤심덕은 일본에서 음악 공부를 했어.
활달한 성격 덕분에 남학생들과도 잘 어울렸지.
많은 남학생이 윤심덕을 좋아했는데, 병이 난 사람도 있었대.
윤심덕은 김우진이라는 결혼한 남자와 가까워졌어.
김우진이 하는 극단에 들어가 연극배우를 하기도 했지.

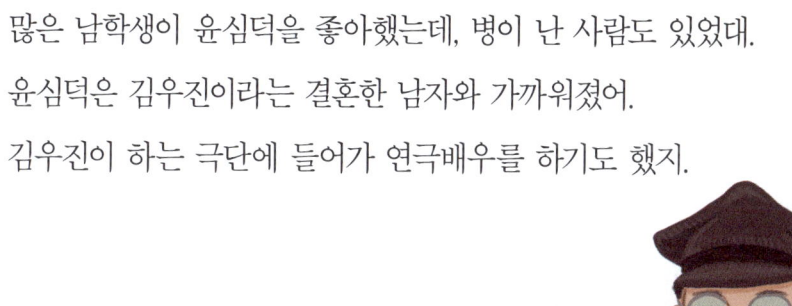

윤심덕은 조선으로 돌아와 성악을 했지만 돈을 벌지 못했어.
방송에서 가요를 부르며 인기를 얻었지만 형편은 나아지지 않았지.
윤심덕은 음반을 내 준다는 말에 일본으로 건너갔어.
예정된 노래를 다 녹음하고 윤심덕이 부탁했어.
"저기, 한 곡 더 부를 수 있을까요?"
이때 부른 노래가 '사의 찬미'야. 외국 노래에 윤심덕이 가사를 붙였지.
윤심덕은 조선으로 오는 배에서 김우진과 바다에 몸을 던졌어.
윤심덕이 죽은 뒤 '사의 찬미'는 큰 인기를 얻었어.

농촌을 바꾼 계몽 운동가
최용신

시대 일제 강점기
연도 1909~1935년
업적 농촌 계몽 운동에 앞장섬

최용신은 함경도의 바닷가 마을에서 태어났어.
그곳은 서양 문물이 일찍 전해져서 교회나 학교가 많았지.
최용신은 공부를 잘해서 보통학교를 일등으로 졸업한 뒤,
농촌을 바꾸는 일에 직접 나섰어.
농촌을 살리는 길이 나라를 살리는 길이라고 믿었거든.
"우리는 손을 서로 잡고 농촌으로 달려가자."

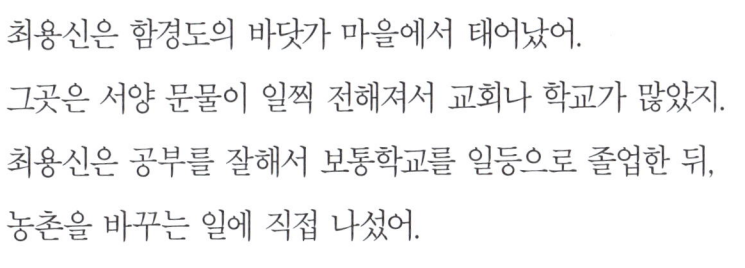

농촌에 길이 있다.

최용신은 사람들에게 글을 가르치고 위생 교육을 벌였어.
저축을 권하고 가난한 아이들에게 학용품을 사 주기도 했지.

"공부만 하던 여자가 농촌에 대해 뭘 안다고 그래?"
못마땅해하던 사람들도 마을이 달라지자 최용신을 돕기 시작했어.
자발적으로 돈을 걷어 마을에 학교를 세우기도 했지.
최용신은 더 공부하려고 일본으로 떠났다가 병이 나고 말았어.
병든 몸으로 계속 일을 하다가 스물여섯 살의 나이에 세상을 떠났지.
최용신은 소설 〈상록수〉의 실제 주인공이기도 해.

최초의 민간 신문 여기자
최은희

시대 일제 강점기
연도 1904~1984년
업적 여성 최초의 신문 기자가 됨

최은희의 아버지는 노비 해방과 양반, 상민의 계급을 없애는 데 힘썼어.
딸인 최은희에게도 나라를 되찾기 위해 앞장서라고 항상 일렀지.
최은희는 3·1 운동 때 만세를 외치다가 일본 경찰에 잡혀간 적도 있어.
일본 유학 시절 최은희는 소설가 이광수 가족과 친하게 지냈는데,
신문사에서 여기자를 뽑는다는 소식을 듣고 이광수가 최은희를 추천했어.
최은희는 곧바로 서울로 와서 기자 생활을 시작했지.

"암탉이 울면 집안이 망한다는데 여자가 무슨……."
사람들은 곱지 않은 시선을 보냈지만 최은희는 실력으로 보여 주었어.
특종 기사를 내고 최초로 비행기를 타고 취재를 나가기도 했어.
그러면서 여성에 대한 편견을 없애기 위해 계몽 운동에도 앞장섰지.
광복 후에는 최초의 여성 정당을 만들거나 사회 운동도 벌였어.
언론의 발전을 위해 조선일보사에 큰돈을 기부하기도 했지.
지금도 조선일보사에서는 일 년 동안 활약한 최고의 여기자에게
'최은희 여기자 상'을 수여하고 있단다.

세계를 놀라게 한 무용수
최승희

시대 일제 강점기
연도 1911~1969년
업적 동양의 춤을 세계에 알림

양반 가문에서 태어난 최승희는 오빠의 권유로 일본 무용 공연을 보았어.
그리고 무용가가 되기로 마음먹고 일본으로 가서 무용을 배웠지.
귀국해서는 '최승희 무용 예술 연구회'를 만들고 공연을 열었어.
최승희는 한국의 고전 무용을 현대적으로 표현할 수 있도록 노력했지.
뛰어난 실력으로 일본뿐 아니라 세계 공연에서도 큰 찬사를 받았어.
미국 공연이 끝난 뒤에는 '세계 10대 무용가'라는 평을 받았대!

광복을 맞이한 뒤, 최승희는 일본과 친하게 지낸 것이 문제가 되었어.
남한에 있는 게 불안했던 최승희는 남편, 오빠와 북한으로 건너가
'최승희 무용 연구소'를 만들어 공연을 하고 학생들을 가르쳤어.
북한에서 인민 배우로 불리며 활발하게 활동했지만
언제, 어떻게 죽었는지는 정확히 알려지지 않았어.
최승희는 동양의 신비로운 춤을 세계에 알린 세계적인 무용가야.

조선의 독립을 외친 소녀 **유관순**
독립군을 도운 여자 안중근 **남자현**
독립의 별이 된 독립운동가 **김마리아**
우리나라 최초의 여자 비행사 **권기옥**

4장
나라를 위해 희생한 여성들

조선의 독립을 외친 소녀
유관순

시대 일제 강점기
연도 1902~1920년
업적 3·1 만세 운동에 앞장섬

유관순의 아버지는 민족 교육 운동을 펼친 분이야.
우리나라가 일본에 나라를 빼앗겨 억압받고 있을 때,
유관순은 이화 학당에서 공부하며 나라를 구하려고 마음먹었어.
나라 안팎에서 수많은 사람들이 독립운동을 벌이며
1919년 3월 1일 큰 만세 운동을 벌이기로 계획했어.
유관순도 학생들과 목이 터져라 만세를 외쳤지.

"대한 독립 만세! 대한 독립 만세!"
만세 운동은 전국으로 퍼졌고, 일본 헌병은 사람들을 죽이거나 잡아갔어.
유관순의 아버지와 어머니도 그때 목숨을 잃었고,
유관순은 잡혀가 모진 고문을 받았어.
하지만 당당한 모습으로 감옥 안에서도 만세를 외쳤지.
지하 감방에 갇혀 심한 고문을 받은 유관순은
열여덟 살이라는 어린 나이에 세상을 떠났단다.

독립군을 도운 여자 안중근
남자현

시대 일제 강점기
연도 1872~1933년
업적 독립운동에 앞장섬

어려서부터 총명했던 남자현은 열아홉 살에 시집을 갔어.
그런데 남편이 일본군과 싸우다가 전쟁터에서 목숨을 잃고 말았지.
남자현은 슬픔과 복수심에 잠도 오지 않을 정도였어.
하지만 늙은 부모와 어린 자식들을 위해 생활을 꾸려 나가야 했지.
누에를 치고 명주를 짜며 힘든 생활을 꿋꿋이 이겨 나갔어.
그러던 중 우리나라는 일본과 강제 조약을 맺어 주권을 빼앗겼어.

꼭 복수할 거야

1919년 3·1 운동이 일어나자 남자현은 중국으로 건너갔어.
우리나라의 독립운동에 남은 생을 바치기로 결심한 거야.
남자현은 독립운동가의 뒷바라지를 하면서 '독립군의 어머니'로 불렸어.
군자금을 모으는 일뿐 아니라 교육 운동, 여성 계몽 운동도 벌였지.
그리고 감옥에 갇힌 독립운동가를 돕거나 암살 작전에 직접 나섰어.
하지만 일제 경찰에 잡혀 감옥에 갇히고 말았지.
"사람이 죽고 사는 것은 정신에 있다. 독립은 정신으로 이루어진다!"
'여자 안중근'이라 불린 남자현은 감옥에서 단식을 하다 세상을 떠났어.

독립의 별이 된 독립운동가
김마리아

시대 일제 강점기
연도 1892~1944년
업적 독립운동과 교육 사업을 벌임

김마리아는 황해도의 부유한 가정에서 태어났어.
신식 교육을 받았고, 집안에는 독립운동을 하는 사람이 많았어.
학교를 졸업한 김마리아는 수학 선생님으로 학생을 가르쳤는데,
일본 유학에서 돌아온 뒤로 독립운동에 적극적으로 나섰어.
대한애국부인회를 만들어서 독립운동가를 도왔는데,
주로 독립운동에 필요한 돈을 임시정부에 전달하는 일이었어.

김마리아는 감옥에 갇혀 끔찍한 고문을 당했다고 해.
코에 고춧가루를 넣거나 심하게 때리고, 인두로 지지기도 했대.
"하고 싶은 대로 해 보아라. 내 나라 사랑하는 마음은 못 빼낼 것이다."
죽기 직전 다행히 감옥에서 나온 김마리아는 중국으로 건너갔어.
한국과 중국을 오가며 활동을 하다가 미국으로 유학을 떠났어.
김마리아는 근화회를 만들어 일제의 만행을 알려 나갔지.
한국으로 돌아온 김마리아는 독립운동을 하다가
고문 때문에 얻은 병으로 광복을 보지 못하고 세상을 떠났어.

미국

槿花會

우리나라 최초의 여자 비행사
권기옥

시대 대한민국
연도 1901~1988년
업적 여성 최초로 비행사가 됨

독립군이다!

권기옥은 어릴 때 아버지가 재산을 모두 날려 아주 가난하게 자랐어.
열한 살 때 공장에서 일을 했고, 뒤늦게 학교에 들어갔지.
숭의여학교에 입학한 권기옥은 송죽회라는 비밀결사대에 가입했어.
송죽회는 독립운동을 돕는 사람들이 모인 단체야.
권기옥은 독립운동에 필요한 돈을 나르는 일을 맡았지.
일본 경찰에 붙잡혀 심한 고문을 받고 감옥살이를 한 뒤,
감옥을 나와서는 감시를 피해 중국으로 건너갔어.

권기옥은 임시정부의 추천으로 중국의 항공 학교에 들어갔어.
열심히 조종술을 익히고 한국 최초의 여자 비행사가 되었지.
권기옥은 중국 공군 신분으로 큰 활약을 펼쳤어.
그때는 중국과 일본도 싸우고 있던 때야.
권기옥은 대한애국부인회를 다시 만들어서 독립운동을 이어 나갔어.
광복이 되고 이 년 뒤 권기옥은 삼십 년 만에 고국으로 돌아왔어.
그리고 우리나라 공군을 만들 때 큰 역할을 했어.
현실의 역경을 이겨 낸 권기옥은 사람들에게 꿈을 가지라고 말했어.

대하소설 <토지>를 쓴 작가 **박경리**

세계 정상에 선 성악가 **조수미**

노력으로 꿈을 이룬 발레리나 **강수진**

세계인이 사랑한 피겨 여왕 **김연아**

5장

노력을 꽃피운 현대 여성들

대하소설 <토지>를 쓴 작가
박경리

시대 대한민국
연도 1926~2008년
업적 대하 장편 소설 <토지>를 씀

대하소설 〈토지〉를 쓴 박경리는 경상남도 통영에서 태어났어.
소심했지만 책 읽기와 시 쓰기를 좋아하는 아이였지.
학교를 졸업하자마자 결혼했는데 6·25 전쟁 때 남편이 세상을 떠났어.
얼마 뒤 어린 아들을 잃는 슬픔까지 겪었지.
박경리는 그동안 쓴 글을 당시 유명한 작가 김동리에게 보여 주었어.
그리고 김동리의 추천으로 글을 발표해 작가 활동을 시작했지.

박경리는 평생 많은 글을 쓰고 책을 펴냈어.

그중에서도 거의 30년 동안 쓴 〈토지〉가 가장 유명해.

〈토지〉는 최참판댁을 둘러싼 인물들의 긴 이야기야.

양반, 노비 등 여러 계층의 인물과 역사를 보여 주는 위대한 작품이지.

드라마로도 만들어지고 영국, 일본, 프랑스에서 번역되어 좋은 평을 받았어.

박경리는 글을 쓰던 중 병을 얻어 시골로 옮겨 살았어.

"목숨이 있는 이상 나는 또 글을 쓰지 않을 수 없습니다."

박경리는 마지막 순간까지 펜을 놓지 않았어.

세계 정상에 선 성악가
조수미

시대 대한민국
연도 1962년~
업적 세계 오페라의 정상에 오름

조수미는 어릴 때부터 승부욕이 강하고 예술에 재능이 많았어.
선화예술중학교 입학시험 때는 악보를 보지 않고도
피아노 음이 틀린 걸 알아채고 지적했다고 해.
조수미는 뛰어난 실력으로 서울대학교 성악과에 입학했어.
그리고 참가하는 국제 콩쿠르마다 일등을 휩쓸었어.
조수미의 공연을 본 세계적인 지휘자 카라얀은 놀라워했어.
"신이 내린 목소리야!"

조수미는 카라얀에게 뽑혀 오페라 '가면무도회' 무대에 섰어.
이 공연으로 조수미는 세계적인 명성을 얻었지.
조수미는 1993년 최고의 성악가에게 주는 '황금 기러기 상'을 받았어.
조수미는 일 년에 삼백 일이나 세계 곳곳에서 공연을 한다고 해.
벌써 몇 년 일정이 꽉 차 있다니 정말 놀라운 일이야.
오페라는 서양 노래여서 동양인이 부르기에는 힘든 부분이 많아.
하지만 조수미는 끊임없는 노력과 연습으로 한계를 뛰어넘었지.

강수진

노력으로 꿈을 이룬 발레리나

시대 대한민국
연도 1967년~
업적 동양인 최초로 발레 최정상에 오름

강수진은 서울에서 태어나 아홉 살에 리틀엔젤스 예술단에 들어갔어.
거기서 무용, 성악, 악기 연주 등 기본적인 것들을 배웠지.
선화예술중학교를 다니면서 강수진은 발레를 배우기 시작했어.
모나코로 발레 유학을 떠나고, 로잔발레콩쿠르에서 1위에 올랐지.
그리고 세계 5대 발레단인 독일의 슈투트가르트 발레단에 입단했어.
동양인으로는 처음이었고 스무 살로 가장 나이가 어린 단원이었어.

강수진은 '로미오와 줄리엣' 공연에서 주인공 줄리엣을 연기했어.
1999년에는 세계 최고의 무용수에게 주는 상을 받았어.
그리고 독일에서 '궁정 무용가'로 선정되는 영광을 얻었단다.
한국으로 돌아온 강수진은 국립발레단의 예술 감독이자 단장을 맡았어.
그런데 '세상에서 가장 못생긴 발' 사진을 보고 사람들은 무척 놀랐어.
울퉁불퉁 마디가 굵어진 흉한 발은 바로 강수진의 발이었거든.
강수진의 발은 노력으로 만들어진 세상에서 가장 아름다운 발이야.

세계인이 사랑한 피겨 여왕
김연아

시대 대한민국
연도 1990년~
업적 동계 올림픽에서 금메달을 땀

김연아는 일곱 살 때 처음 스케이팅을 배웠어.
재미로 시작했는데 코치의 눈에 띈 거야.
팔과 다리가 길고 유연해서 신체 조건이 굉장히 좋았거든.
김연아는 열 살 때 전국 체전에 나가 우승을 차지했어.
훨씬 오랫동안 훈련한 선배들을 제치고 말이야.
김연아는 스케이팅이 발달한 캐나다와 미국에서 실력을 갈고닦았어.
국제 대회에서 우승하며 최연소 국가 대표로 선발되었지.

김연아는 힘든 시간을 극복하고 주니어그랑프리대회에서 우승했어.
그런 뒤 자신감을 되찾고 꿈을 이루기 위해 더욱 노력했지.
김연아는 일본의 아사다 마오와 경쟁하며 더욱 실력을 쌓았어.
우리나라에는 전용 스케이트장도 없고, 스케이트화도 부족했지만
2010년 밴쿠버 동계 올림픽에서 김연아는 당당히 금메달을 땄어.
동계 올림픽의 꽃 피겨 스케이팅에서 신기록을 세우면서 말이야!
김연아는 아시아를 넘어 세계인의 사랑을 받은 피겨 여왕이야.

정치
중국 역사상 유일한 여황제 **측천무후**
대영 제국을 이끌다 **엘리자베스 1세**
유대인의 나라를 세우다 **골다 메이어**
영국의 첫 여성 수상 **마거릿 대처**
미얀마 민주화 운동의 상징 **아웅 산 수지**

사회
가난한 이들을 돕다 **테레사 수녀**
봉사를 실천한 20세기 아이콘 **오드리 헵번**
아프리카에 푸른 숲을 일구다 **왕가리 마타이**
역경을 이겨 낸 세계적인 진행자 **오프라 윈프리**

학문
어린이의 눈높이에 맞는 교육법을 개발하다 **마리아 몬테소리**
여성 최초로 대서양을 건너다 **아멜리아 에어하트**
원시 부족을 연구하다 **마거릿 미드**
자연을 사랑하고 지키다 **레이첼 카슨**
침팬지와 자연을 사랑하다 **제인 구달**

예술 문화
자유로움을 표현한 맨발의 무용수 **이사도라 덩컨**
세계에 발레의 아름다움을 알리다 **안나 파블로바**
새로운 유행을 만들다 **코코 샤넬**
희망과 자유를 그림으로 그리다 **프리다 칼로**
역사의 현장을 사진에 담다 **마거릿 버크화이트**
마법사 해리 포터를 만들다 **조앤 롤링**

부록

세계를 바꾼 여성 위인들

정치

중국 역사상 유일한 여황제
측천무후

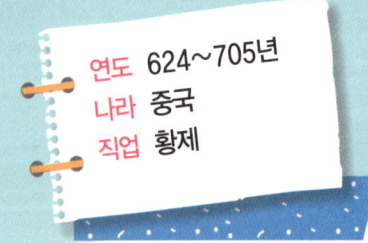

연도 624~705년
나라 중국
직업 황제

측천무후는 중국 제2대 황제인 태종의 후궁이었어요.
태종이 죽자 측천무후는 비구니가 되었는데,
뒤를 이은 고종이 측천무후를 궁으로 불렀어요.
측천무후는 황후를 내쫓고 자신이 황후가 되었어요.
그리고 병약한 고종을 대신해 직접 나랏일을 보았지요.
측천무후는 자신과 반대되는 사람은 가차 없이 죽여 버렸어요.
아들도 황제의 자리에서 내쫓고 죽여 버렸답니다.
측천무후는 황제의 자리에 올라 나라 이름을 주나라로 고쳤어요.
중국 최초의 여황제가 탄생한 거예요!
측천무후는 새로운 인재를 등용하고 문학을 장려했어요.
백성들도 잘 보살펴 15년 동안 주나라를 잘 다스렸답니다.

주나라를 세운
중국 최초의 여황제예요.

측천무후는 태종의 후궁이었지요.

건릉에 있는 측천무후의 무자비예요.

✏️ 글자를 새기지 않은 측천무후의 묘비

측천무후의 묘비는 글자가 없는 '무자비(無字碑)'예요. 그 이유는 측천무후가 죽기 전 '자신의 업적이 너무 많아 모두 새길 수 없다.'고 하여 무자비로 두었다는 말이 전해요. 그런데 측천무후가 반대파를 죽이는 등 나쁜 일도 많이 해서 나중에 업적을 평가하도록 글을 새기지 않았다는 주장도 있어요. 측천무후는 고종과 함께 건릉에 잠들어 있고 무자비도 건릉에 있어요.

정치

대영 제국을 이끌다
엘리자베스 1세

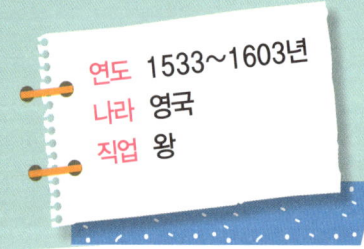

연도 1533~1603년
나라 영국
직업 왕

엘리자베스 1세의 아버지는 영국 왕 헨리 8세예요.
헨리 8세는 왕의 힘을 강하게 키운 왕이었어요.
헨리 8세가 죽고 에드워드 6세가 왕이 되었지만 일찍 죽고 말았어요.
뒤를 이은 메리도 비극적인 죽음을 맞이하면서,
스물다섯 살의 엘리자베스 1세가 여왕의 자리에 올랐지요.
엘리자베스 1세는 공업과 상업을 키워 나라를 부강하게 만들려고 했어요.
그리고 다른 나라를 식민지로 삼아서 힘을 키워 갔어요.
에스파냐의 무적함대를 격파하면서 영국의 힘은 더욱 커졌지요.
엘리자베스 1세는 영국의 천년 역사에서
가장 위대한 왕으로 선정된 적도 있어요.

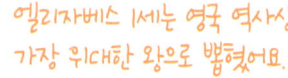
엘리자베스 1세는 영국 역사상 가장 위대한 왕으로 뽑혔어요.

엘리자베스 1세의 초상화예요.

현재 영국의 여왕 엘리자베스 2세예요.

📓 엘리자베스 1세와 엘리자베스 2세

유럽 나라들에서는 왕의 이름 뒤에 1세, 2세, 3세 등이 붙어요. 형제나 자녀인 경우도 있지만 이름이 같은 왕을 구분하기 위해 1세, 2세를 붙여요. 현재 영국의 여왕은 1926년에 태어나 1952년에 왕이 된 엘리자베스예요. 그러다 보니 대영 제국을 만든 여왕은 엘리자베스 1세, 지금의 영국 여왕은 엘리자베스 2세라고 부르게 된 거예요. 또 다른 엘리자베스가 왕이 되면 엘리자베스 3세가 되는 셈이죠.

정치

유대인의 나라를 세우다
골다 메이어

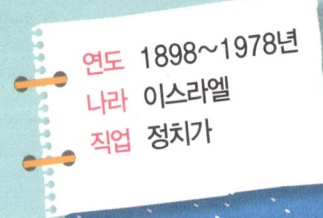

연도 1898~1978년
나라 이스라엘
직업 정치가

골다는 일곱 살 때 가족과 함께 미국으로 건너갔어요.
러시아는 유대인 차별이 심해서 살기 힘들었거든요.
골다는 영어를 못했지만 일등으로 졸업할 정도로 열심히 공부했어요.
1921년 골다는 팔레스타인으로 갔어요.
그리고 유대인의 나라를 세우는 일에 앞장섰어요.
1948년 유대인의 나라 이스라엘은 독립을 선언했어요.
하지만 팔레스타인에 살던 아랍인은 심하게 반대했지요.
이스라엘과 팔레스타인은 몇 차례 전쟁을 벌였고,
골다 메이어는 맨 앞에서 이스라엘을 이끌었어요.
무려 네 번이나 총리에 임명된 골다 메이어는
마지막 순간까지 이스라엘을 위해 일했어요.

골다 메이어는 일흔이 넘어서도 총리로 임명되었어요.

1962년 미국의 케네디 대통령을 만난 골다 메이어의 모습이에요.

이스라엘을 세우는 데 앞장선 골다 메이어의 묘예요.

유대인의 나라 이스라엘

유대인들은 아주 오래전에 팔레스타인 지역에서 살았어요. 그러다가 세계에 뿔뿔이 흩어져 살게 되었지요. 유대인들은 팔레스타인 지역으로 돌아와서 이스라엘을 세우려고 했어요. 그런데 그곳에 살고 있던 아랍 사람들은 유대인을 팔레스타인에서 내쫓으려고 전쟁을 벌였어요. 하지만 이스라엘은 강력한 군사력과 국제 사회의 도움으로 나라를 세웠어요. 그래서 오늘날에도 이스라엘과 팔레스타인은 서로를 미워하며 전쟁을 벌이고 있어요.

정치

영국의 첫 여성 수상
마거릿 대처

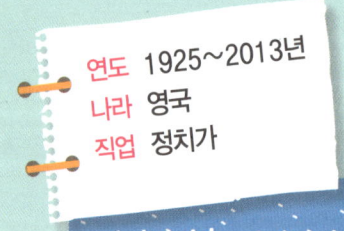
연도 1925~2013년
나라 영국
직업 정치가

마거릿 대처는 어릴 때부터 공부를 잘했어요.
옥스퍼드 대학교 화학과를 졸업하고,
혼자서 법률을 공부해 변호사 시험에 합격했지요.
대처는 하원 의원이 되어 영국 최초로 보수당의 우두머리까지 올랐어요.
꼭 필요한 말만 하는 당당하고 열정적인 정치인이었답니다.
1979년은 영국의 새로운 수상을 뽑는 해였어요.
대처는 경쟁자를 누르고 당당히 수상이 되었지요.
대처 수상은 영국의 경제를 살리고, 새로운 정책들을 실시했어요.
단호하게 일을 처리하는 모습에 사람들은
'철의 여인'이라고 불렀어요.
마거릿 대처는 영국 역사상 가장 오랫동안
수상 자리에 있었답니다.

대처 수상은 '철의 여인'이라고 불려요.

1981년 미국의 백악관에서 레이건 대통령과 마주하고 있는 대처 수상의 모습이에요.

대통령과 수상

우리나라는 대통령을 중심으로 정부가 운영되는 대통령제 국가예요. 세계에는 국민의 대표들이 모인 의회가 정치를 주도하는 의원 내각제 국가도 있어요. 의회에서 뽑힌 대표자가 바로 '수상'이지요. 대통령제는 임기 동안 나라가 안정된다는 장점이 있고, 의원 내각제는 책임감 있는 정치를 할 수 있다는 장점이 있어요. 우리나라와 미국 등은 대통령제를 따르고 영국, 일본, 캐나다 등은 의원 내각제를 시행하고 있어요.

| 정치 |

미얀마 민주화 운동의 상징
아웅 산 수지

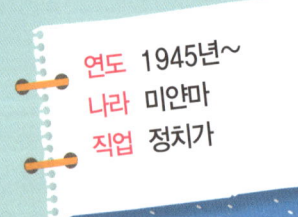

연도 1945년~
나라 미얀마
직업 정치가

미얀마는 예전에 영국의 식민지였어요.
아웅 산 수지의 아버지는 미얀마의 독립운동을 이끌어,
미얀마를 독립시킨 '건국의 아버지'였지요.
아웅 산 수지는 영국 옥스퍼드 대학교에서 공부하고 외국에서 살았어요.
그때 미얀마는 군인 출신인 독재자가 통치하고 있었어요.
자유를 원하는 미얀마 국민들이 거리로 나와 시위를 벌이자,
군인들은 총칼을 앞세워 시위대를 진압했지요.
어머니를 간호하러 미얀마에 갔던 아웅 산 수지는
민주화 운동에 나섰어요.
그리고 그 공로로 1991년 노벨 평화상을 받았어요.
무려 15년 동안 집에 갇혀 지내던 아웅 산 수지는
2015년 선거에서 승리를 거두면서
미얀마에서 군인 세력을 몰아냈어요.

아웅 산 수지는 미얀마 민주화의 상징이 되었어요.

아웅 산 수지가 2012년 자신의 집에서 오바마 대통령, 힐러리 클린턴과 만난 모습이에요.

아웅 산 수지의 아버지는 미얀마 건국의 아버지로 불려요.

미얀마의 다른 이름 버마

미얀마는 영국의 식민지였다가 1948년 독립하면서 나라 이름을 '버마'로 정했어요. 국민 절반 이상이 '버마족'이어서 붙은 이름이지요. 그런데 1988년 군사 정부가 나라 이름을 미얀마로 바꾸었어요. 군사 정부가 마음대로 바꾼 이름이라서 나라 이름을 '버마'로 써야 한다고 주장하는 사람들이 많아요. 그러다 보니 세계의 유명 언론사에서는 미얀마 대신 '버마'로 쓰기도 해요.

사회

가난한 이들을 돕다
테레사 수녀

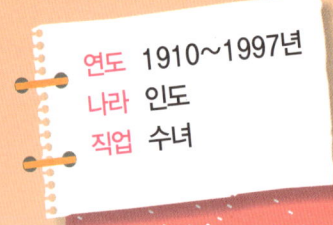

연도 1910~1997년
나라 인도
직업 수녀

테레사 수녀는 열아홉 살에 수녀가 되어 인도로 떠났어요.
가난한 사람 중에서도 가장 가난한 사람을 돕기 위해서였지요.
테레사 수녀는 교황의 허락을 받고 수녀원을 나와
여러 도시를 다니면서 병들고 힘든 사람들을 돌보았어요.
그 무렵 인도는 영국의 식민지였다가 독립을 이루었어요.
그래서 인도 사람들은 영국에서 온 수녀를 환영하지 않았어요.
테레사 수녀는 수녀복 대신 천민이 입는 흰색 사리를 입었고,
가난한 아이들과 병든 사람을 간호하는 일을 멈추지 않았어요.
그 모습에 사람들도 점차 마음을 돌렸지요.
테레사 수녀는 1979년 노벨 평화상을 받았는데
그때 받은 상금도 모두 가난한 사람들을 위해 썼다고 해요.

테레사 수녀는 평생 가난한 이들 돌보며 사랑을 실천했어요.

인도 콜카타에 있는
사랑의 선교 수녀회예요.

죽음을 앞둔 사람들이 생활하는
집으로 테레사 수녀가 설립했어요.

📝 테레사 수녀를 마더 테레사로 부르는 이유

가톨릭에서는 수도원의 원장 신부님을 '파더'라고 불러요. '파더'는 히브리어로 '교사'라는 뜻이 있는데, 그래서 신부님을 파더라고 부른대요. 그리고 원장 수녀님은 '마더'라고 불러요. 그러니까 마더 테레사는 테레사 수녀님을 부르는 다른 말이지요. 실제로도 사람들은 테레사 수녀를 어머니처럼 믿고 의지했답니다. 테레사 수녀는 인도의 국장으로 장례식이 거행되었고, 2016년 성인으로 추대되었어요.

사회

봉사를 실천한 20세기 아이콘
오드리 헵번

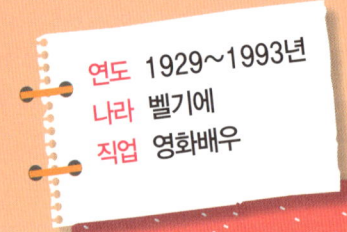

연도 1929~1993년
나라 벨기에
직업 영화배우

오드리 헵번은 벨기에에서 태어났어요.
발레리나가 되기 위해 영국의 런던에서 공부하던 중
영화 '로마의 휴일'에서 주인공인 공주 역할을 맡게 되었지요.
이 영화로 유명한 영화제인 아카데미 시상식에서 여우 주연상을 받았어요.
오드리 헵번은 수많은 영화를 찍으면서 세계적인 영화배우로 살았어요.
그러던 중 1988년 헵번은 유니세프의 대사가 되었어요.
그때부터 굶거나 가난한 아이들을 돌보기 시작했어요.
에티오피아, 소말리아 등에 가서 아이들을 구하는 일에 앞장섰지요.
오드리 헵번은 늘 많은 아이들을 돕지 못해 안타까워했어요.
자신이 받은 사랑을 돌려줄 줄 아는 진정한 스타였지요.

오드리 헵번은 전 세계에 이름을 알린 유명한 영화배우였어요.

1981년 미국의 레이건 대통령을 만난 오드리 헵번의 모습이에요.

오드리 헵번이 출연한 대표적인 영화의 한 장면이에요. 위에서부터 '로마의 휴일', '사브리나', '티파니에서 아침을' 순서예요.

📒 20세기 아이콘

오드리 헵번은 '로마의 휴일'로 전 세계에 이름을 알렸어요. 그리고 '사브리나', '티파니에서 아침을', '마이 페어 레이디' 등 출연하는 영화마다 큰 성공을 거두었어요. 그리고 헵번의 머리 모양과 옷 등도 크게 인기를 얻어 오드리 헵번은 20세기 아이콘으로 불려요. 영화 '로마의 휴일'에 나오는 '트레비 분수'와 '진실의 입'은 오늘날에도 관광 명소로 많은 사람들이 찾고 있답니다.

사회

아프리카에 푸른 숲을 일구다
왕가리 마타이

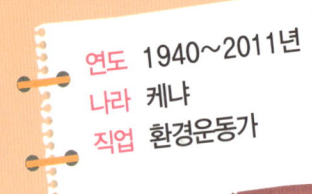
연도 1940~2011년
나라 케냐
직업 환경운동가

왕가리 마타이는 아프리카의 케냐에서 태어났어요.
집안이 넉넉하지 못했지만 장학생으로 미국에서 공부했어요.
박사 학위를 딴 왕가리는 케냐로 돌아와 나무 심기 운동을 벌였어요.
케냐가 사막이 많고 가난한 건 나무가 없기 때문이라고 생각했거든요.
처음에는 외면하던 사람들도 하나둘 나무 심기 운동에 함께해
메마른 땅은 점점 초록빛으로 물들어 갔어요.
여러 나라에서 찾아와 나무 심기 운동을 배워 갔어요.
왕가리는 나무를 심는 것 못지않게 베지 않는 것도 중요하게 생각했어요.
나무를 못 베게 하려고 나섰다가 심하게 다치기도 했지요.
"나무를 심는 것이야말로 사람을 지키고, 지구를 지키는 일이야!"
왕가리 마타이는 아프리카 여성으로는 처음으로
노벨 평화상을 받았어요.

왕가리 마타이는 케냐에서
나무 심기 운동을 시작해
자연을 지키고 가꾸는 일에 앞장섰어요.

미국의 피츠버그 대학교에 있는 왕가리 마타이가 기념식수한 나무예요.

케냐 정부로부터 상을 받고 기뻐하는 왕가리 마타이의 모습이에요.

왕가리 마타이는 2004년 노벨 평화상을 받았어요.

그린벨트 운동

왕가리 마타이가 시작한 그린벨트 운동은 가난한 여성에게 일자리를 주고, 나무를 베어 망가진 숲을 다시 살리자는 운동이에요. 왕가리 마타이는 땅이 사막으로 변하는 것을 막기 위해 1년에 1,200만 그루가 넘는 나무 심기 운동을 벌였어요. 그린벨트 운동은 케냐를 넘어 다른 아프리카 국가로 퍼져 나갔어요. 그래서 왕가리 마타이는 '마마 미티', 즉 '나무의 어머니'라는 별명을 얻었어요.

사회

역경을 이겨 낸 세계적인 진행자
오프라 윈프리

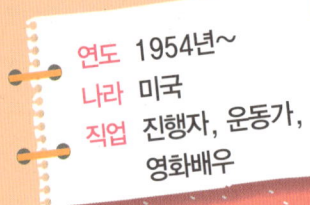

연도 1954년~
나라 미국
직업 진행자, 운동가, 영화배우

오프라 윈프리는 부모 없이 외가에서 자라면서 힘든 어린 시절을 보냈어요.
열네 살에 아이를 낳았지만 얼마 뒤 아이가 죽어 큰 슬픔을 겪었지요.
방황하던 오프라는 아버지와 함께 살면서 크게 달라졌어요.
우수한 성적으로 학교를 졸업하고,
방송 기자, 뉴스 아나운서를 거쳐 진행자가 되었지요.
오프라 윈프리는 남의 시선을 신경쓰고 관습에 얽매이는 걸 싫어했어요.
솔직함과 진실함이 바로 오프라의 무기였지요.
　　덕분에 세계적인 진행자로 성공할 수 있었던 거예요.
　　　　"무슨 생각을 하느냐가 어떤 사람이 되는지를 결정합니다."
　　　오프라는 토크쇼 진행자를 넘어 세상을 바꾸는
　　　　운동가로 활동하고 있어요.

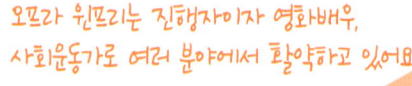

오프라 윈프리는 진행자이자 영화배우, 사회운동가로 여러 분야에서 활약하고 있어요.

40

2007년 오바마 부부와 함께한 오프라 윈프리의 모습이에요.

오프라 윈프리가 발행하는 잡지 표지예요.

오프라 윈프리쇼

오프라 윈프리쇼는 1986년에 시작해 2011년까지 방영된 토크쇼예요. 무려 25년 동안이나 방송되었지요. 톰 크루즈, 마이클 잭슨 등 연예인을 비롯해 스포츠 선수, 정치인, 일반인들이 나온 이 쇼는 큰 인기를 얻었어요. 방청객 모두에게 자동차를 선물한 일은 큰 화제가 되었고, 북클럽, 엔젤 네트워크 등의 프로젝트로 시청자의 참여를 이끌기도 했어요. 오프라 윈프리쇼는 전 세계 140개 나라에서 방송되었어요.

학문

어린이의 눈높이에 맞는 교육법을 개발하다
마리아 몬테소리

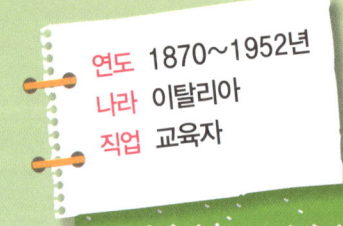

연도 1870~1952년
나라 이탈리아
직업 교육자

마리아 몬테소리는 부유한 집안에서 태어났어요.
이탈리아 최초의 여자 의사로 부족함 없이 살았지요.
그러던 중 돈이 없어서 학교에 다니지 못하는 아이들을 보았어요.
'아이들이 가난한 채로 자라면 평생 가난하게 살 텐데……'
그래서 빈민가에 '어린이 집'을 열었답니다.
몬테소리는 직접 교육과정을 만들어 체계적으로 아이들을 가르쳤어요.
"모든 아이들이 저마다 재능을 가지고 있어요!"
아이들의 눈높이에 맞춘 교육법은 큰 성공을 거두었어요.
아이들에게 맞는 책상과 의자가 개발되고
여러 교구들도 만들어졌지요.
몬테소리 교육법은 전 세계에 알려져
많은 나라에서 시행되었어요.

몬테소리는 아이들을 가르치는 체계적인
교육과정을 만들었어요.

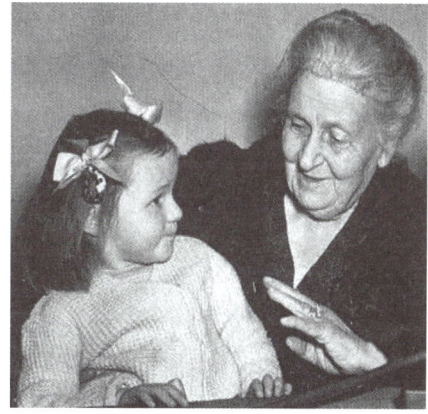

이탈리아 화폐와 우표에서 몬테소리의 얼굴을 볼 수 있어요.

1915년 몬테소리 학교의 수업 모습이에요.

몬테소리와 방정환

몬테소리는 어린이 교육, 어린이 인권 운동에 앞장섰어요. 어린이는 어른과 다르며 하나의 인격으로 존중받아야 한다고 여긴 거예요. 그때만 해도 어린이들이 제대로 대접받지 못했는데 몬테소리 덕분에 아이들에게 맞는 교육법과 교구가 만들어졌지요. 우리나라도 마찬가지였어요. 옛날에는 '어린이'라는 단어도 없었는데 방정환 덕분에 어린이도 대접받게 되었고 어린이날도 생기게 되었지요.

학문

여성 최초로 대서양을 건너다
아멜리아 에어하트

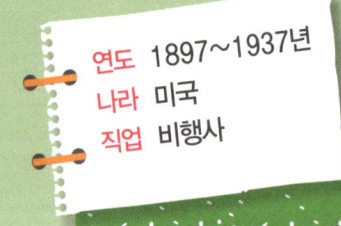

아멜리아 에어하트는 불우한 어린 시절을 보냈는데,
아버지와 함께 비행기를 타 본 뒤 비행사를 꿈꾸었어요.
아르바이트를 해서 모은 돈으로 비행 수업을 받았고,
비행기 조종사가 되어 마음껏 하늘을 날았어요.
여성 최초로 대서양을 건너 세상을 놀라게 했지요.
에어하트는 비행기를 타고 지구를 한 바퀴 돌겠다는 목표를 세웠어요.
사람들이 걱정했지만 에어하트는 포기하지 않았어요.
그러던 어느 날 태평양을 날던 에어하트가 감쪽같이 사라져 버렸어요.
연료가 떨어져서 추락했을 거라고 하지만 흔적을 찾지 못했답니다.
에어하트는 도전을 멈추지 않은
열정적인 비행기 조종사였어요.

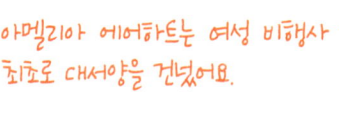
아멜리아 에어하트는 여성 비행사 최초로 대서양을 건넜어요.

에어하트가 탔던 '록히드 일렉트라'라는 비행기예요.

에어하트를 찾기 위해 미국 해군의 항공모함과 전함, 항공기 수십 대가 수색했지만 흔적을 찾지 못했어요.

감쪽같이 사라진 에어하트

"연료가 떨어졌다. 육지가 보이지 않는다." 에어하트가 마지막으로 남긴 말이었어요. 루스벨트 대통령의 지시로 대대적인 수색을 벌였지만 비행기 파편도 찾지 못했어요. 그러자 에어하트가 일부러 연락을 끊고 숨어 사는 거라고 말하거나 다른 차원으로 넘어갔다는 사람도 있었지요. 〈월스트리트 저널〉 신문에서는 에어하트가 사라진 사건을 '사라진 세계 7대 불가사의'로 선정했어요. 여전히 에어하트의 흔적을 찾으려고 노력하는 사람들이 많아요.

학문

원시 부족을 연구하다
마거릿 미드

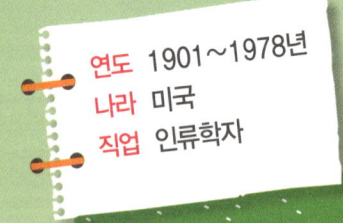

연도 1901~1978년
나라 미국
직업 인류학자

마거릿 미드는 사람과 사회를 연구하는 학자였어요.
남자와 여자는 왜 다른지, 교육을 통해
아이가 어떻게 달라지는지 궁금했지요.
그래서 옛날 모습 그대로 살아가는 원시 부족을 찾아갔어요.
미드는 남태평양의 사모아섬에서 부족들과 함께 지냈어요.
몇 달 동안 그곳에서 머물면서 남자와 여자의 차이는
배워서 달라진다는 걸 밝혔어요.
교육을 받으면서 성 역할이 달라진다는 거지요.
미드의 연구 결과에 사람들은 무척 놀랐어요.
미드는 아이들을 어떻게 교육해야 하는지 연구하면서
대학에서 학생들을 가르치고 강연회도 열었지요.

마거릿 미드는 주위의 시선에 아랑곳
하지 않고 당당하게 살았어요.

남녀의 차이는 학습된 거라는 마거릿 미드의
연구 결과는 많은 사람들을 놀라게 했어요.

1890년경 사모아섬
여성들의 모습이에요.

결혼하면 달라지는 성

우리나라와 달리 미국을 비롯한 몇몇 나라에서는 여자가 결혼하면 남편의 성을 따라요. 성이 '오바마'인 사람과 결혼하면 아내의 성이 '오바마'가 되는 거지요. 요즘에는 남편의 성을 따르지 않는 사람도 늘고 있어요. 그런데 마거릿 미드는 당시에도 남편의 성을 따르지 않았어요. 그리고 세 번이나 결혼하고 세 번이나 이혼을 하며 자유롭고 당당하게 살았어요.

| 학문 |

자연을 사랑하고 지키다
레이첼 카슨

연도 1907~1964년
나라 미국
직업 해양 생물학자

레이첼 카슨은 시골 마을의 숲과 과수원에서 뛰놀며 자랐어요.
책을 좋아했고 어려서부터 작가를 꿈꾸었지만
대학교에서 동물에 대해 배우면서 생물학자가 되었어요.
레이첼 카슨은 자연과 환경 보호에 관심이 많았는데,
바다를 연구하고 쓴 책이 엄청나게 팔리면서 계속 글을 썼어요.
레이첼 카슨은 제2차 세계 대전이 끝난 뒤 모기나 나방을 죽이려고
살충제를 많이 뿌리는 것을 보고 〈침묵의 봄〉이라는 책을 썼어요.
"미래의 지구에 어떤 사태가 닥쳐올지 몰라요!"
살충제를 많이 뿌리면 자연이 파괴되고
결국 사람도 위험할 거라는 말이지요.
이 책이 큰 인기를 얻자 자연을 보호하자는
사람들이 점차 늘어났어요.

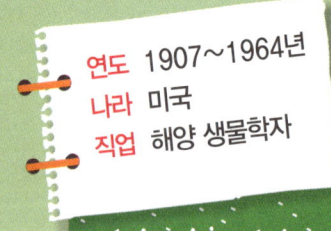

레이첼 카슨은 자연 보호에 앞장선
해양 생물학자예요.

레이첼 카슨은 바다를 연구하고 〈우리를 둘러싼 바다〉라는 책을 썼어요.

1958년경 강에 DDT를 뿌리는 모습이에요.

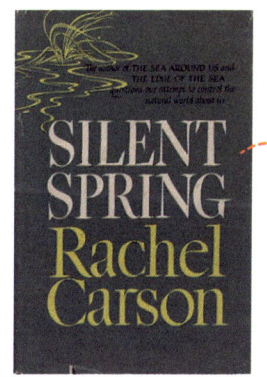

레이첼 카슨이 쓴 책 〈침묵의 봄〉 표지예요.

📙 살충제의 위험

제2차 세계 대전이 끝나고 DDT라는 살충제가 굉장히 많이 사용되었어요. DDT가 살충 효과가 뛰어난 데다가 사람에게는 해가 없다고 했기 때문이었지요. 살충제를 뿌리자 모기가 옮기는 전염병도 줄어들었어요. 그런데 레이첼 카슨이 DDT를 뿌린 곳에 종달새가 많이 줄어든 것을 알아내고 〈침묵의 봄〉에 썼어요. 정확히 밝혀내진 못했지만 사람들은 DDT가 정말 괜찮은지 의심하게 되었고, 지금은 농약으로 사용하지 못하게 했어요.

학문

침팬지와 자연을 사랑하다
제인 구달

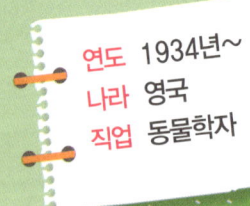

연도 1934년~
나라 영국
직업 동물학자

제인 구달은 스물세 살에 아프리카로 가서 동물과 부족에 대해 배웠어요.
그러다가 야생 침팬지를 연구하는 일을 맡게 되었어요.
제인 구달은 하루 종일 침팬지의 행동을 관찰하고 기록했어요.
사람들은 침팬지가 풀이나 나무 열매를 먹는 줄 알았는데,
멧돼지 고기를 먹고, 나뭇가지로 흰개미를 잡는다는 걸 알아냈어요.
게다가 서열이 있고 계획을 세워 움직인다는 것도 밝혔지요.
침팬지도 사람처럼 지능이나 마음을 가지고 있다는 거예요!
제인 구달은 제인 구달 연구소를 세웠어요.
그리고 환경 보호와 평화의 중요성을 전 세계에 알리고 있어요.
침팬지가 살 수 없는 환경이라면 인간도 살 수 없다면서요.

제인 구달은 침팬지 연구를 시작한 뒤로
침팬지를 보호하고 연구해 왔어요.

제인 구달의 연구 결과로 침팬지도 사람처럼 마음과 지능이 있다는 사실이 밝혀졌어요.

제인 구달은 전 세계를 다니며 강연을 하고 있어요.

뿌리와 새싹

제인 구달은 어린이와 청소년들을 대상으로 자연을 아끼고 보호하자는 '뿌리와 새싹' 운동을 벌이고 있어요. 미래의 주인공들이 지구를 더 살기 좋은 곳으로 만들자는 운동이지요. 1991년 탄자니아에서 16명이 시작한 이 모임은 전 세계에 모임이 있어요. 뿌리와 새싹에서는 나무 심기 운동, 야생 동물 불법 사냥 방지, 쓰레기 치우기 등의 운동을 벌이고 있어요.

| 예술 문화 | 자유로움을 표현한 맨발의 무용수
이사도라 덩컨

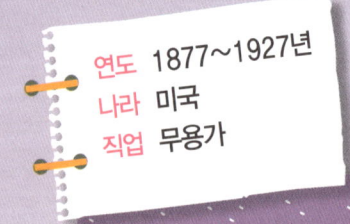

연도 1877~1927년
나라 미국
직업 무용가

이사도라 덩컨은 미국에서 태어났어요.

어려서부터 춤을 배웠는데 수업에서 배운 방식을 거부하고

자신의 느낌대로 춤을 추었어요.

덩컨은 더 큰 무대를 찾아 유럽으로 건너갔어요.

당시에 사람들은 무용 하면 '발레'가 전부라고 생각했어요.

하지만 덩컨은 얇은 옷을 입고 맨발로 춤을 추었지요.

몸의 움직임을 통해서 자연을 표현하고 생각을 전달한 거예요.

덩컨은 큰 성공을 거두고 온 유럽을 다니면서 공연했어요.

그러다 모스크바에 무용 학교를 세워 아이들을 가르쳤어요.

이사도라 덩컨은 몸의 아름다움과

자유로움을 살린 '현대 무용'을 만들었어요.

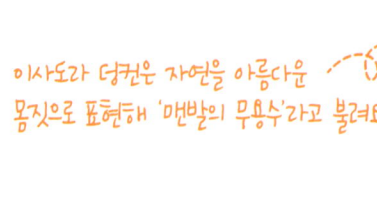

이사도라 덩컨은 자연을 아름다운 몸짓으로 표현해 '맨발의 무용수'라고 불려요.

이사도라 덩컨이 춘 춤은 나중에 현대 무용이라는 이름으로 불려요.

이사도라 덩컨은 몸의 아름다움을 잘 표현할 수 있는 얇은 천으로 된 옷을 입었어요.

맨발의 무용수

이사도라 덩컨이 살았던 시대에 대표적인 무용은 '발레'였어요. 꽉 끼는 옷을 입고 토슈즈를 신고 춤을 추어야 했지요. 그런데 이사도라 덩컨은 속이 비치는 얇은 옷을 입고 맨발로 춤을 추었어요. 이사도라 덩컨은 바람에 흔들리는 나뭇잎이나 구름, 물결 등 자연의 모습을 춤으로 표현하려고 했어요. 그러자 처음에 비난하던 사람들도 이사도라 덩컨의 춤을 보고는 감탄했지요.

예술 문화

세계에 발레의 아름다움을 알리다
안나 파블로바

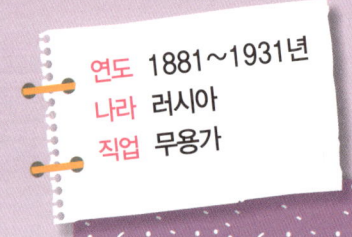

연도 1881~1931년
나라 러시아
직업 무용가

안나는 어릴 때 마르고 병약한 아이였어요.
그런데 우연히 발레 공연을 보고 발레리나를 꿈꾸었지요.
발레 학교에 입학한 안나는 친구들에게 '빗자루'라고 불리기도 했어요.
마르고 가녀린 몸매 때문에 자세도 자꾸 틀렸지요.
하지만 우아하고 섬세한 몸짓은 안나를 발레의 주인공으로 만들어 주었어요.
안나는 유럽을 돌며 공연을 했고 엄청난 인기를 얻었어요.
러시아가 전쟁에 휘말리자 안나는 미국으로 가서 공연을 이어 갔지요.
안나는 힘없는 사람을 돕기 위해 자선 공연도 많이 열었어요.
"제가 만족했다면 지금의 나는 없었을 거예요."
안나 파블로바는 발레의 아름다움을 세계에
알린 세계적인 발레리나예요.

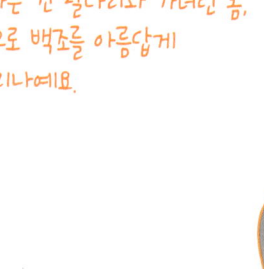

안나 파블로바는 긴 팔다리와 가녀린 몸, 섬세한 표현으로 백조를 아름답게 표현한 발레리나예요.

새장 왼쪽에 있는 아이가 안나 파블로바예요.

안나 파블로바의 대표적인 작품은 '빈사의 백조'예요.

📝 빈사의 백조

안나 파블로바의 가장 유명한 작품은 '빈사의 백조'예요. 천천히 죽어 가는 백조의 모습을 표현한 춤이지요. 안나 파블로바는 가녀리고 기다란 팔을 흐느적거리며 어느 발레리나보다 백조를 잘 표현했어요. 안나 파블로바는 공연을 하러 가다가 병에 걸려 쓰러졌는데 죽는 순간에도 백조 옷을 가슴에 안고 눈을 감았어요. 안나 파블로바는 자신의 집에 작은 호수를 만들어 백조를 돌보기도 했대요.

예술 문화

새로운 유행을 만들다
코코 샤넬

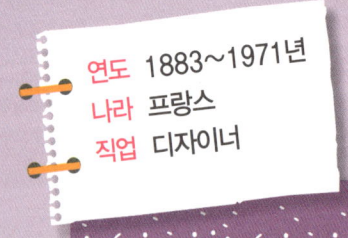

연도 1883~1971년
나라 프랑스
직업 디자이너

샤넬은 프랑스의 가난한 집에서 태어나 고아원에서 자랐어요.
어릴 때 바느질을 배우고 의상실에서 경험을 쌓았어요.
샤넬은 작은 의상실을 나와 모자와 옷을 만들어 팔았어요.
화려한 장식이 달린 모자 대신 챙이 좁은 작은 모자를 만들고,
몸을 죄는 옷 대신 편한 옷을 만들어 큰 인기를 얻었지요.
샤넬은 관습에 얽매이지 않고 입기에 편한 옷을 만들고,
사람들이 싫어하는 검은색으로 드레스를 만들었어요.
"진정으로 럭셔리한 스타일이라면 편해야 해요."
단순하면서도 세련된 샤넬의 디자인은 전 세계적으로 사랑받았고,
옷뿐만 아니라 향수, 가방, 액세서리 등도 명품으로 인정받고 있어요.

샤넬은 기존에 입던 옷과는 달리 편안하고 단순한 디자인으로 새로운 유행을 만들어 냈어요.

1928년 세련된 디자인의 옷을 입고 있는 샤넬의 모습이에요.

'샤넬' 브랜드는 세계 최고의 명품 브랜드로 인정받고 있어요.

샤넬의 향수 중에서 가장 유명한 '넘버 5'예요.

샤넬의 향수 '넘버 5'

코코 샤넬은 의상 디자이너였지만 모자, 가방 등도 만들었어요. 그리고 향수도 만들었지요. 샤넬의 첫 번째 향수는 '넘버 5'예요. 80여 가지의 향기를 섞은 향수로 샘플 중 다섯 번째여서 '넘버 5'로 불렀다고 해요. 이 향수가 나오자 엄청나게 인기를 얻어 샤넬은 큰돈을 벌었어요. 지금도 샤넬의 '넘버 5'는 많은 사람들이 좋아하는 향수예요.

예술 문화

희망과 자유를 그림으로 그리다
프리다 칼로

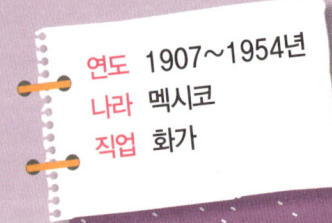
연도 1907~1954년
나라 멕시코
직업 화가

프리다 칼로는 어릴 때 소아마비를 앓고 다리를 절게 되었어요.
장애가 있었지만 똑똑하고 아름다운 소녀였지요.
그런데 버스가 전차와 부딪치는 사고로 크게 다쳤어요.
의사는 영영 못 걸을 거라고 말했지요.
칼로가 침대에 누워서 할 수 있는 거라고는 그림 그리는 것뿐이었어요.
거울로 자신의 모습을 보고 또 보면서 그림을 그렸지요.
프리다 칼로는 화가가 되기로 결심했어요.
프리다 칼로는 아픔을 이겨 내고 멕시코를 대표하는 세계적인 화가가 되었어요.

프리다 칼로는 멕시코를 대표하는 여성 화가예요.

프리다 칼로가 가운데 있고, 맨 왼쪽이 남편이자 화가인 디에고 리베라예요.

프리다 칼로가 태어나고 자란 '푸른 집'이에요.

자화상을 많이 그린 화가

프리다 칼로는 어린 시절의 사고 때문에 거울을 보며 자화상을 많이 그렸어요. 그런데 프리다 칼로의 그림을 보면 양쪽이 이어진 굵고 짙은 눈썹, 콧수염, 무표정한 얼굴이 특징적이에요. 마치 남자처럼 보이기도 해요. 프리다 칼로가 자신의 모습을 이렇게 그린 이유는 힘든 일을 이겨 낸 강인한 의지를 표현하기 위해서였어요. 프리다 칼로는 프랑스의 루브르 박물관이 작품을 구입한 최초의 멕시코 화가예요.

예술 문화

역사의 현장을 사진에 담다
마거릿 버크화이트

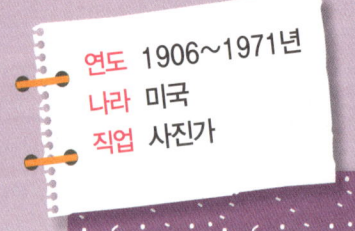

연도 1906~1971년
나라 미국
직업 사진가

마거릿 버크화이트는 아버지 덕분에 사진에 관심을 갖게 되었어요.
정식으로 사진을 배우고는 광고 사진을 찍었지요.
마거릿은 높은 건물이나 헬기에 매달려서 사진을 찍었어요.
그리고 능력을 인정받아 경제 전문지 회사에서 일하게 되었어요.
그러던 중 〈라이프(LIFE)〉라는 잡지에 사진을 싣기 시작했어요.
제2차 세계 대전이라는 큰 전쟁이 벌어졌을 때,
마거릿은 카메라를 들고 전쟁터를 누볐어요.
인도의 간디가 물레를 돌리는 유명한 사진을 찍기도 했고,
6·25 전쟁 때 우리나라에 와서 사진을 찍기도 했어요.
마거릿은 생생한 사건을 사진으로 남긴 위대한 사진가예요.

1936년 11월에 창간된 잡지 〈라이프〉의 표지에 마거릿 버크화이트의 사진이 실렸어요.

간디가 물레를 돌리는 모습이에요. 이때 단 세 번의 촬영만 허락되었대요.

마거릿 버크화이트가 찍은 스탈린의 얼굴이에요.

특종이 된 사진

마거릿 버크화이트가 유명해진 것은 단 한 장의 사진 덕분이에요. 바로 스탈린의 얼굴 사진이었지요. 스탈린은 공산주의 나라였던 소련의 지도자였어요. 전쟁 사진을 찍으며 모스크바에 있던 마거릿 버크화이트는 우연한 기회로 스탈린을 찍을 수 있게 되었어요. 이 사진은 서양 기자가 찍은 최초의 스탈린 사진이에요. 그리고 유일하게 스탈린이 미소를 띠고 있는 사진이지요. 이 사진도 〈라이프〉의 표지에 실렸어요.

| 예술 문화 |

마법사 해리 포터를 만들다
조앤 롤링

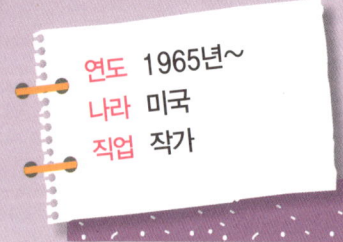

연도 1965년~
나라 미국
직업 작가

조앤 롤링은 어려서부터 책을 좋아하고 틈틈이 글을 썼어요.
대학을 졸업하고 포르투갈에서 영어 선생님이 되었지만
남편과 헤어진 뒤 영국으로 돌아왔어요.
혼자 딸을 키우면서 가난하게 살면서도 계속 소설을 썼어요.
한 소년이 마법 학교에 가서 벌이는 모험 이야기였지요.
이 책은 영국의 작은 출판사와 계약을 하게 되었어요.
그런데 미국의 출판사가 해리 포터 시리즈에 관심을 보였어요.
〈해리 포터〉는 출간되자 엄청나게 팔리고 상도 많이 받았어요.
책이 나올 때면 사람들이 서점 앞에 길게 늘어서기도 했지요.
해리 포터 시리즈는 영화로 나오면서 더욱 인기를 얻었답니다.

조앤 롤링은 해리 포터 시리즈로 세계적으로 유명해졌어요.

우리나라에서 나온
해리 포터 시리즈의 첫 번째 책
〈해리 포터와 마법사의 돌〉 표지예요.

주인공 해리 포터가 호그와트 마법 학교로 가는
플랫폼을 재현한 거예요.
영국의 킹스크로스 역에 있어요.

📖 세계에서 두 번째로 많이 팔린 책

해리 포터 시리즈는 〈해리 포터와 마법사의 돌〉을 시작으로 모두 7권이에요. 영국의 우수도서상과 올해의 어린이책 상을 여러 번 받았어요. 주인공 해리 포터는 열한 살 때 자신이 마법 능력이 있다는 걸 알고 호그와트 마법 학교로 가요. 그곳에서 친구들과 함께 악당과 맞서 싸우며 흥미진진한 모험이 펼쳐지죠. 67개 나라에서 번역된 해리 포터 시리즈는 성경 다음으로 가장 많이 팔린 책이라고 해요.

부록 사진 출처: wikipedia

127쪽 CC BY-SA 4.0; PolizeiBerlin / 130쪽 CC BY-SA 3.0; Margaret Thatcher Foundation / 132쪽 CC BY-SA 3.0; Htoo Tay Zar / 133쪽 아래 CC BY-SA 3.0; Htoo Tay Zar / 134쪽 CC BY-SA 4.0; Manfredo Ferrari / 135쪽 왼쪽 CC BY 2.0; thotfulspot-Flickr / 135쪽 오른쪽 CC BY 2.0; flowcomm-Flickr / 138쪽 CC BY-SA 3.0; The-time-line / 139쪽 왼쪽 위 CC BY-SA 4.0; Crazypaco / 139쪽 왼쪽 아래 CC BY-SA 3.0; Hadi / 139쪽 오른쪽 위 CC BY 2.0; Demosh- Flickr / 139쪽 오른쪽 아래 CC BY 2.0; Demosh- Flickr / 140쪽 CC BY 2.0; Alan Light / 141쪽 왼쪽 CC BY-SA 2.0; vargas2040-Flickr / 141쪽 오른쪽 위 CC BY 2.0; Flickr / 143쪽 왼쪽 위 CC BY 2.0; Flickr / 143쪽 오른쪽 아래 CC BY-SA 3.0; Flanker / 146쪽 Smithsonian Institution / 147쪽 왼쪽 Smithsonian Institution@Flickr Commons / 151쪽 아래 Sklmsta / 151쪽 위 GFDL 1.2; Ikiwaner / 157쪽 왼쪽 CC BY-SA 2.5; Eric Pouhier / 159쪽 왼쪽 CC BY-SA 3.0; No machine-readable author provided / 163쪽 왼쪽 Bert Seghers